BEI GRIN MACHT SICH IHR WISSEN BEZAHLT

AF136017

- Wir veröffentlichen Ihre Hausarbeit,
  Bachelor- und Masterarbeit

- Ihr eigenes eBook und Buch -
  weltweit in allen wichtigen Shops

- Verdienen Sie an jedem Verkauf

Jetzt bei www.GRIN.com hochladen
und kostenlos publizieren

Bibliografische Information der Deutschen Nationalbibliothek:

Die Deutsche Bibliothek verzeichnet diese Publikation in der Deutschen National-bibliografie; detaillierte bibliografische Daten sind im Internet über http://dnb.d-nb.de/ abrufbar.

Impressum:

Copyright © 2019 GRIN Verlag
Druck und Bindung: Books on Demand GmbH, Norderstedt Germany
ISBN: 9783346020871

Dieses Buch bei GRIN:

https://www.grin.com/document/499680

Manuela Schmitz

Kann mentales Training Ansätze bringen, um als Präventivmedizin gegen Burnout dienen zu können?

GRIN Verlag

GRIN - Your knowledge has value

Der GRIN Verlag publiziert seit 1998 wissenschaftliche Arbeiten von Studenten, Hochschullehrern und anderen Akademikern als eBook und gedrucktes Buch. Die Verlagswebsite www.grin.com ist die ideale Plattform zur Veröffentlichung von Hausarbeiten, Abschlussarbeiten, wissenschaftlichen Aufsätzen, Dissertationen und Fachbüchern.

Besuchen Sie uns im Internet:

http://www.grin.com/

http://www.facebook.com/grincom

http://www.twitter.com/grin_com

Inhaltsverzeichnis

1 Einleitung

Wir leben in einer Welt, in der wir uns beinahe täglich mit stressigen Situationen auseinandersetzen müssen. Wir leben in einer Zeit, in welcher die Sekunde mehr Wert zu haben scheint als die Stunde. Wir leben in einer Epoche, in welcher es uns immer schwieriger erscheint, zu Ruhe und Entspannung zu finden. Beinahe jeder Mensch kennt das Gefühl, Druck zu spüren, Zeitdruck oder Leistungsdruck, auf sportlicher Seite wie aber auch auf beruflicher oder sogar privater Ebene. Immer mehr Berufstätige erkranken an psychischen Krankheitsbildern. Laut Kennzahlen des BKK-Bundesverbandes sind Krankheitstage aufgrund des Burnout-Syndrom in den Jahren von 2004 bis 2011 um das 18-fache gestiegen. Kann mentales Training Ansätze bringen, um sozusagen als Präventivmedizin gegen Burnout dienen zu können?

Dieser Frage will ich mich mit dieser Hausarbeit widmen und erörtere dabei Situationen und mögliche Hilfs- und Lösungsansätze anhand eines Beispiels einer freiberuflichen Physiotherapeutin mit eigener Praxis und Mutter eines 7jährigen Sohnes.

2 Theoretische Grundlagen

2.1 Aspekte des Mentaltrainings

Zur genaueren Erklärung und Definition des Begriffs Mentaltraining kann man prinzipiell von einer Definition im allgemeinen Sinn und einer Definition im engeren Sinn sprechen.

Unter Mentaltraining im allgemeinen Sinne versteht man die Fähigkeit bzw. das Training der eigenen Seele, der eigenen Psyche, mit dem Ziel, beim Bewältigen von persönlichen Anforderungen, oder beim Lösen von persönlichen Aufgaben eine verbesserte und klarere Handlungskompetenz parat zu halten.

Wenn man von Mentaltraining im engeren Sinn spricht, dann bezieht man dies auf die innere Vorwegnahme realer Tätigkeitsanforderungen und -ausführungen, sowie die Bereitstellung der dazu notwendigen Techniken und Fähigkeiten.

Mentales Training kann man schlussendlich aber auch grob als Training durch kognitive Prozesse und/oder Probehandlungen beschreiben.

Probehandlungen (als externe Realisation bezeichnet) wären beispielsweise „Testabläufe" der geplanten Handlung unter so realnahen Bedingungen wie möglich; ob dies jetzt vor einem wichtigen Vortrag der „Testvortrag" im kleinen Kreis vor Familie oder Freunden ist, oder aber eine sportliche Trainingseinheit direkt in dem Stadion wo später der effektive Wettkampf stattfindet, wenn möglich auch sogar noch unter äußeren Bedingungen, die dann später beim Wettkampf auftreten können, wie beispielsweise Lautsprecherdurchsagen während des sportlichen Ereignisses, tageszeitlich bedingte Umstände wie Temperatur, wenn der Wettkampf zum Beispiel tagsüber stattfindet usw. Kurzum, es ist wie bei Konzerten die Generalprobe vor dem effektiv stattfindenden wichtigen Event oder Ereignis, ein Test, bei dem das Resultat noch nicht zählt, unter realen, spühr- und fühlbaren Umständen und Umgebungen, unter welchen dann auch das erwartete Ereignis stattfinden wird. Dadurch können äußere Reize schon vorher im Training aufgenommen, verarbeitet und abgespeichert werden, und man wird dann während des wirklichen Wettkampfs, Konzerts, Vortrags usw. nicht durch äußere Umstände überrascht bzw. man ist in der Lage, schon vorher im Training Erlebtes schnell aus dem Gedächtnis abzurufen.

Unter die als interne Realisation bezeichneten Aspekte des Mentaltrainings fallen vier ganz wichtige Bausteine, nämlich Training durch Vorstellen bzw. Visualisierung, Training durch Beobachten bzw. Lernen am Modell, Training durch Selbstgespräche bzw. Autosuggestionen sowie innere Organi - sation und Selbstmanagement.

Wichtig ist, dass man im Mentaltraining alle diese Bausteine immer im Positiven anwendet, d.h. mit positiven Kognitionen arbeitet.

Mit dem Training durch Visualisierung versuchen vor allem Sportler sich bestimmte wichtige Bewegungsabläufe aber auch emotionale oder sogar vegetative Vorgänge bildlich vorzustellen und sozusagen geistig vorab zu erleben. Diese visualisierten Abläufe und Vorgänge werden dann vor allem durch die rechte

Hemisphäre unseres Gehirns (rechte Gehirnhälfte) registriert, die ja bekanntlich für die Kreativität und das Phantasievolle zuständig ist, im Gegensatz zur eher logisch-rational arbeitenden linken Gehirnhälfte.

Deshalb ist absolut wichtig, dass man sich alle Visualisierungen positiv vorstellt, da sich ansonsten das Gedächtnis auch die negativ vorgestellten Bewegungs - abläufe abspeichert und bei Bedarf dann abruft. Durch diese immer wieder trainierten und erprobten Visualisierungen ermöglicht man ein schnelleres Ab - rufen bzw. Aktivieren des situationsbedingten Aktivierungszustandes. Diese Visualierungsstärke nutzt vor allem auch die Werbung, die mit farbenfrohen Bildern unsere Aufmerksamkeit erreicht, denn prinzipiell kann wohl gesagt werden: Wird man emotional angesprochen, dann klappt alles!

Neben diesen Visualisierungen gibt es auch das Training durch Beobachten, mit dessen Hilfe ebenfalls Bewegungsabläufe, Handlungsabläufe oder ähnliches durch Beobachten anderer Personen in entsprechenden und ähnlichen Tätigkeiten abgespeichert und aktiviert werden. Training durch Beobachten bzw. Lernen am Modell ist im Kindesalter viel einfacher und natürlicher anwendbar als beispielsweise Training durch Vorstellung bzw. Visualisierung.

Der dritte Baustein des kognitiven Mentaltrainings bezeichnet das Training durch Sprechen mit sich selbst bzw. Selbstgespräche. Wie auch bei den vorherigen Bausteinen muss hier das Selbstgespräch positiv eingestellt sein, und was ebenfalls sehr wichtig ist, dass auf Negationen unbedingt verzichtet wird. Das menschliche Hirn ist nämlich auf „Ja" programmiert, es kann NICHT-Anweisungen nur über Umwege verarbeiten. Ein einfaches Beispiel: „Denken Sie nicht an einen rosaroten Elefanten!" An was denkt man bei diesem Satz? Natürlich an einen rosaroten Elefanten! Im Sport beispielsweise muss sich der Elfmeterschütze deshalb unbedingt folgendes Selbstgespräch „Ich darf den Ball jetzt NICHT vorbeischießen!" mit „Ich treffe mit dem Ball jetzt ins Tor!" austauschen.

Die mentale Vorbereitung durch inneres Sprechen zielt darauf ab, dass sich in einer Handlungsanforderung unsere Gedanken und Gefühle so ausrichten, dass sie den Handlungsverlauf positiv beeinflussen. Deshalb der Begriff Selbstmotivation, Selbstinstruktionen, Selbstsuggestionen. Das ständige Wiederholen positiver Selbstinstruktionen, die Penetration sozusagen, funktioniert, denn irgendwann wird es nicht mehr nur im Kurzzeitgedächtnis gespeichert, sondern gelangt ins Unterbewusstsein.

Der letzte Teil dieser kognitiven Vorstellungsprozesse betrifft die innere Organisation und das Selbstmanagement. Dabei müssen die eigenen Ziele und Bedürfnisse hinsichtlich ihres Hintergrundes hinterfragt werden, beispielsweise mit: „Will ich das wirklich verändern?" bzw. „Will ich das wirklich machen?". Ebenso muss eine eindeutige Entscheidung für das Ziel getroffen werden. Genauso muss ein detaillierter Handlungsplan aufgestellt werden, mit der Erfassung von Teilzielen bzw. Teilschritten, sowie eine Auseinandersetzung mit möglichen Barrieren und Hindernissen für die Zielrealisierung. Ansonsten hilft die ganze mentale Unterstützung nichts. Mein inneres Denken und Gefühl muss sozusagen ausgerichtet werden und in die richtige Richtung weisen.

2.2 Eigene Gedanken – vom Kraftfresser zur Kraftquelle

Es geht beim Mentaltraining auch darum, Gewohnheiten, Denkmuster und/oder Verhaltensmuster zum Positiven zu verändern. Um bestimmte Verhaltensmuster verändern zu können, müssen wir uns aber zuerst dieser Muster bewusst werden. Je länger eine Person jedoch schon bestimmte Denk- und Verhaltensmuster eingespeichert hat, umso schwieriger und umso länger dauern dann die systematische Veränderungen und der Austausch dieser Gedanken. Je länger ich bereits auf dem ausgetrampelten, eingewöhnten Pfad unterwegs bin, umso schwieriger wird es, diesen Weg zu verlassen, um einen neuen Pfad für mich zu betreten.

Negative Denkmuster können auch als Kraftfresser bezeichnet werden, denn, wie der Name schon besagt, sie fressen uns beinahe wörtlich die Kraft weg. Kraftfresser rauben uns nicht nur Kraft, sie rauben uns auch die Unbeschwertheit. Mit Kraftfressern in unserem Unterbewusstsein starten wir eine Tätigkeit schon mit negativen Vorzeichen, und dies gilt es unbedingt und absolut zu verändern. Dazu gilt es, unsere Kraftfresser in Kraftquellen umzuwandeln. Der Kraftfresser muss solange umgewandelt und umformuliert werden, bis er zu einer Kraftquelle wird mit der sich die Person dann hundertprozentig identifizieren kann. Das ist nicht immer so einfach, teilweise auch deshalb, weil wohl auch einige Kraftfresser noch aus unserer Kindheit stammen, und deshalb schon sehr sehr lange in unserem Unterbewusstsein verankert sind.

Hat man erst mal den Kraftfresser zu einer Kraftquelle umformuliert, so ist man jedoch noch nicht am Ziel, denn, wie bereits erwähnt, sind solche Verhaltens- und Denkmuster fest in unserem Unterbewusstsein verankert. Nur durch ständiges Voraugenhalten oder ständige Selbstgespräche, bei denen wir uns den neuen Glaubenssatz ständig wieder vorsagen, gelangt dieser dann langsam in unser Unterbewusstsein, und zwar so, dass er dann automatisch, unterbewusst, auch in entsprechenden Situationen abgerufen werden kann. Es ist wichtig zu verstehen, dass es eine Zeit lang dauert, bis der neue Glaubenssatz effektiv wirkt. Und zwar auch dann wirkt, wenn wir uns nicht erst willkürlich auf den Vorsatz besinnen, sondern dass er eben unbewusst und automatisch wirkt.

Unser Wesen besteht aus den drei Intelligenzen Körper, Geist und Seele, wobei der Geist das Denken darstellt, und dies die einzige Bewusstseinsebene ist. Der Körper und die Seele bzw. die Gefühle stellen den noch viel viel größeren Teil unseres Unterbewusstseins dar. Unser Ziel ist es, durch Werkzeuge eben über die Bewusstseinsebene das Verhalten des Unterbewusstseins teilweise anzuknabbern und im besten Fall zu unseren Gunsten (positiv) umzuändern. Als praktische Umsetzungsmöglichkeit bietet sich dafür an,sich den neuen Glaubenssatz ständig im Kopf zu wiederholen (Penetration), einen Gegenstand zu finden, der als Anker für diesen neuen Glaubenssatz dienen kann, den man ständig oder öfter vor Augen hat, und dadurch an den neuen Glaubenssatz automatisch erinnert wird. Ebenfalls eine gute praktische Möglichkeit wäre es, den neuen Glaubenssatz aufzuschreiben, und an verschiedenen Positionen im Haus oder im Büro sichtbar zu platzieren.

2.3 Eigene Bedürfnisse erkennen und Ziele formulieren

Um eine klare und deutliche Zielformulierung erfassen zu können muss man sich zuerst mit den eigenen Bedürfnissen konfrontieren und auseinandersetzen. D.h. man muss sich zuerst alle seine Bedürfnisse und Zielvorhaben aufschreiben und danach der Wichtigkeit nach sortieren. Es ist sinnlos, sich auf fünf oder zehn verschiedene Zielsetzungen gleichzeitig zu konzentrieren. Wird die Konzentration zunächst auf ein Ziel gesetzt, so ist es um ein Vielfaches leichter, dieses Ziel nach den eigenen Wünschen zu erreichen. Das Analysieren der individuellen

Zielhierarchie kann auf unterschiedliche Weise erprobt werden, beispielsweise mit der Methode einer Mind Map oder ähnlichen Techniken.

Bei der Zielformulierung kann man zwischen BE-Zielen (engl. „to be") und DO-Zielen (engl. „to do") unterscheiden. Die BE-Ziele beschreiben wie ich sein will bzw. werde, wenn ich das Ziel erreicht habe, die DO-Ziele beschreiben was ich machen muss, um das Ziel zu erreichen.

Nachdem die Zielhierarchie erfasst wurde ist es wichtig, noch einmal gründlich zu analysieren, was für und auch was gegen die Zielsetzung spricht, es geht sozusagen um eine Kosten-Nutzen-Abwägung. Es kann nämlich auch durchaus sein, dass zur Erreichung eines bestimmten Zieles beispielsweise auch das Umfeld oder ganz generell bestimmte persönliche Gewohnheiten geändert werden müssen. Deshalb ist es wichtig, evtl. Barrieren vorher genau zu analysieren, um festzustellen, dass man diese Barrieren auch für sich selbst überwinden kann. Der nächste Schritt stellt dann die genaue und exakte Zielformulierung dar, in welcher zum Ausdruck kommen muss, dass man sich mit allen Konsequenzen für die Realisierung dieses Ziels entschieden hat. Man spricht auch von dem sogenannten Rubikon-Modell, d.h. mit der Erarbeitung der genauen Zielstellung ist die sog. Intentionsphase abgeschlossen und der Rubikon sozusagen überschritten. Ein probates Hilfsmittel zur anforderungsgerechten Zielformulierung stellt die sog. SMART-Formel dar:

S → spezifisch: Das Ziel muss konkret und präzise in der Gegenwart formuliert werden

M → messbar: Das Ziel muss in seinem Ausmaß berechenbar sein

A → attraktiv: Die Zielerreichung muss sich lohnen und gut vorstellbar sein

R → realistisch: Das Ziel muss erreichbar sein und nicht Wunschdenken entspringen

T → terminiert: Der Zeitraum muss klar definiert sein, d.h. wann beginnt die Handlungsaktivität zur Zielerreichung und bis wann muss das Ziel erreicht sein.

Um das Erreichen des Ziels während der Handlungsumsetzung besser kontrollieren und bewerten zu können, ist es aber auch wichtig, dass man sich verschiedene Teilziele oder Etappenziele setzt. Dadurch kann man im Laufe des Trainings kontrollieren, ob man sich „auf dem richtigen Weg" befindet, ob man irgendwo Korrekturen anbringen muss oder ob man vielleicht sogar seine Zieldefinition abändern muss, weil man beispielsweise das Ziel nicht mehr in der gewünschten Zeit erreichen kann.

2.4 Sich den eigenen Stärken und Fähigkeiten bewusst werden

Für die Handlungsplanung und vor allem für das eigene Selbstbewusstsein, das zur Erreichung des Ziels führt, ist es sehr wichtig, sich der eigenen Fähigkeiten, Kompetenzen, Stärken und auch Reserven bewusst zu werden. Es kann dazu auch schon reichen, sich einfach mal seine persönlichen Stärken („Was kann ich am besten?") aufzuschreiben, zu bewerten und zu sortieren. Man kann sich dazu aber auch frühere Erlebnisse ins Gedächtnis rufen, Erlebnisse oder Ereignisse, die vielleicht dem neuen Ziel ähneln, und sich überlegen, warum habe ich das so gut hinbekommen, was habe ich getan, wodurch es damals so gut geklappt hat. Dabei kann es vorkommen, dass man eigene Fähigkeiten erkennt, derer man sich gar nicht mehr bewusst war.

Reserven sind Bereiche, in denen man für sich selbst noch die größten Entwicklungs- und Fortschrittspotentiale sieht, und die weiter ausgebaut werden können. Wird man sich seiner Fähigkeiten und Stärken bewusst, so hat das eine mentale positive Einflussnahme zur Folge, welche die Gedanken zur Zielerreichung absolut verstärken, und damit erreicht man natürlich eine höhere Selbstwertschätzung und ein größeres Selbstbewusstsein.

2.5 Stressoren und Stressreaktionen

In vielen Situationen unseres Alltags, sei es im Beruf, wie auch in der Freizeit oder privat sind wir heutzutage mit Stress konfrontiert. Teilweise sind uns aktuelle Stresssituationen bewusst, teilweise können wir aber auch auf Stresssituationen treffen, die uns in dem Moment nicht bewusst als stressig vorkommen. Stress kann in verschiedensten Situationen auftauchen und kann verschiedenste Eigenschaften haben. Stress kann aber auch während der Zielrealisierung auftreten; damit der Stress dann unser angestrebtes Ziel nicht zu stark beeinflusst oder hemmt, benötigen wir Möglichkeiten, um mit dem Stress klarzukommen, ihn abzuschwächen oder nicht beeinflussbar zu machen, sogenannte Copingstrategien (Bewältigungsstrategien). Der amerikanische Psychologe Richard S. Lazarus entwickelte eine Theorie zur Stressbewältigung, welche als

„transaktionales Stressmodell von Lazarus" seinen Namen trägt. Transaktional deshalb, weil zwischen den Stressoren oder Reizen und der handelnden Person bzw. der Stressreaktion eine Wechselwirkung entsteht und ein Bewertungsprozess dazwischengeschaltet ist. Im Klaren bedeutet das, dass es eine primäre Bewertung eines auftretenden Reizes (Stressors) gibt, in welcher man zunächst bewertet, ob der Reiz positiv, neutral oder gefährdend ist. In der zweiten sekundären Bewertungsphase wird überprüft, ob die Situation mit den verfügbaren Ressourcen bewältigt werden kann. Nach dieser Phase kann eine primär negative Bewertung abgeschwächt oder sogar unwirksam gemacht werden, sodass es nur mehr eine Herausforderung ist, und keine allzu große Stressreaktion erzeugt wird. Jedoch wird die eigentliche Bewältigung durch verschiedene Copingstrategien erst nach der Bewertung des Stressors erfolgen.

Stress ist jedoch immer eine Reaktion des gesamten Organismus, also des Körpers und der Seele. Der Organismus strebt eine Anpassung des Gleichgewichts an, und wenn dies nicht gelingt, so führt dies zu negativen Stressreaktionen bzw. Störungen. Stressreaktionen resultieren wie bereits beschrieben aus der Auseinandersetzung mit Stressoren (Transaktion), sind aber nicht immer nur negativ anzusehen, denn dadurch will unser Organismus klar zum Ausdruck bringen, dass irgendetwas in unserem System nicht mehr einwandfrei funktioniert bzw. gestresst ist. Dies ist doch ein fantastisches Funktionsmerkmal des Menschen. Wichtig ist das frühzeitige Erkennen und Einschätzen der Stressreaktion, damit mit der entsprechenden Bewältigungsstrategie das Problem behoben werden kann. Grundsätzlich zeigen sich Stressreaktionen auf vier verschiedenen Ebenen und zwar:

- Muskulär
- Vegetativ
- Kognitiv
- Emotional

Stressbewältigungsstrategien bzw. Copingstrategien kann man in problemlösende (nach außen gerichtete) oder emotionsregulierende (nach innen gerichtete) Strategien unterscheiden. Auch den Stress vermeiden wäre ein Ansatz einer Bewältigungsstrategie, ein Ansatz, der unter die emotionsregulierende Strategie fallen würde. Weitere emotionsregulierende Strategien könnten z.B. entspannen sein, ablenken, nicht daran denken, sich belohnen oder ähnliches. Beispiele für problemlösende Strategien könnten sein: nach Lösungen suchen, Prioritäten setzen, soziale Partner ansprechen und um Hilfe bitten, positiv denken, höhere Anstrengung u.s.w.

Ganz generell kann man aber sagen, dass es beim Lösen von Stressproblemen eigentlich nur drei mögliche Strategien gibt:

- die Stresssituation verändern
- die Stresssituation akzeptieren oder
- die Stresssituation vermeiden/verlassen

2.6 Entspannungstraining

Unsere Lebensumstände haben sich innerhalb der letzten Epochen drastisch verändert. Stress wird teilweise überhaupt nicht mehr abgebaut, das gesunde Wechselspiel von Anspannung und Entspannung findet kaum mehr statt, wir sind wie ein Seil, das ständig bis zum Anschlag angespannt ist und durch diese ständige Spannung nicht mehr flexibel ist, keine Elastizität und Kreativität mehr enthält, und sogar irgendwann reißen kann.

Wir pflegen zwar unsere Autos und unsere Wohnungen, unseren Körper vernachlässigen wir jedoch viel zu oft. Ein Auto müssen wir wieder Auftanken, warum tanken wir den Energiespeicher unseres eigenen Körpers nicht regelmäßig auf, z.B. durch Entspannungstechniken.

Edmund Jacobsen, der Erfinder der Progressiven Muskelrelaxation, kennzeichnete folgende Grundmerkale der tiefen Entspannung:

- regelmäßige Atmung
- normale Pulsfrequenz
- entspannte Gliedmaßen
- ruhige Augenlider
- ein subjektives Gefühl angenehmer Ruhe

Kurzum könnte man sagen, tiefe Entspannung ist gekennzeichnet durch einen Ruhezustand des gesamten Körpers.

Entspannungsverfahren sind übende Verfahren zur Verringerung körperlicher und geistiger Anspannung oder Erregung. Die Betonung liegt hierbei auch auf „übenden" Verfahren, d.h. man muss sich bestimmte Entspannungstechniken wirklich aneignen, trainieren, üben, mit dem Ziel, dass man diese bekannten Entspannungsübungen kurzfristig, schnell und flexibel in Situationen einsetzen kann, wenn man aktuell unter starkem Druck steht oder gerade sehr gestresst ist. Deshalb ist es wichtig, Entspannungstechniken regelmäßig auszuüben.

Entspannungstraining hilft außerdem die eigene Körperwahrnehmung zu verbessern. Dies ist enorm wichtig, denn nur was wahrgenommen wird, kann auch bewusst reguliert und entspannt werden. Unter Körperwahrnehmung ist in diesem Zusammenhang jedoch nicht nur die Wahrnehmung muskulärer An- und Entspannung gemeint oder die Wahrnehmung von Schmerz, sondern auch die Wahrnehmung der Organe und Organismussysteme, wie z.b. Atmung, Verdauung usw. Es gibt verschiedene Methoden und Verfahren, die als Entspannungstechniken dienen. Dabei gibt es individuell bevorzugte Techniken oder weniger akzeptierte Techniken. Es gibt Techniken, welche mehr die Psyche beanspruchen, d.h. wo mehr auf Konzentration, Wahrnehmung, Vorstellung geachtet wird, wie beispielsweise Meditation, Autogenes Training, Phantasiereisen, Körperreisen (Bodyscan) o.ä. Daneben gibt es Methoden, die sich mehr im körperlichen Bereich bewegen, wie beispielsweise Yoga, Tai Chi, Qi Gong, usw. Eine der wohl bekanntesten Entspannungstechniken ist die vorhin genannte, von Jacobsen entwickelte progressive Muskelrelaxation. In einer bestimmten Reihenfolge werden progressiv alle Muskelgruppen des Körpers angespannt und abrupt wieder gelockert, entspannt. Dieser Vorgang geschieht bewusst und gezielt. Einer kurzen Phase der Anspannung von fünf bis sieben Sekunden folgt eine längere Phase der Entspannung von 30 bis 60 Sekunden, in welcher der Entspannung richtiggehend nachgefühlt wird.

Folgende positiven Wirkungen können bei regelmäßigem Üben mit der Technik der progressiven Muskelentspannung beispielsweise erreicht werden:

- Gleichmäßigere und langsamere Atmung
- Verbessertes Wohlbefinden
- Steigerung von Konzentrations- und Reaktionsfähigkeiten
- Gelassenerer Umgang mit schwierigen Lebenssituationen
- Verbesserung von psychosomatischen Störungen wie Unruhe, Migräne, Schlafstörungen, Kopfschmerzen
- Verbesserte Herzfrequenz und besserer Blutdruck

- Förderung der Durchblutung, speziell der Extremitäten aber auch des Herzens
- Alle inneren Organe werden gestärkt
- Sie tun Ihrer Verdauung etwas Gutes
- Verringerung bzw. Auflösung von chronischen Schmerzen
- Stärkung des Immunsystems

3   Praktische Übung

Melissa ist 38 Jahre alt, Mutter eines 8 jährigen Sohnes, und führt seit 5 Jahren ihre eigene Physiotherapiepraxis. Die Praxis läuft sehr gut, sie hat Stammkunden die regelmäßig zu ihr kommen und auch eine große Nachfrage von Neukunden, die sie teilweise jedoch nicht annehmen kann, da sie es zeitlich nicht schafft, alle Anfragen zu bearbeiten. Melissa hat einen 8 jährigen Sohn und hat zusätzlich vor 2 Jahren gemeinsam mit ihrem Mann ihr Eigenheim fertiggestellt. Sie ist sehr sportlich, geht gerne wandern, joggen oder Rad fahren, auch wenn sie zu ihrem Bedauern letzthin sehr selten die Zeit findet, sich sportlich zu betätigen. Obwohl sie sagen kann, dass bisher fast ausnahmslos alle ihre Kunden sehr zufrieden mit dem Resultat ihrer Behandlung waren, und sie wohl auch deshalb auf relativ viele Stammkunden zurückgreifen kann, hat sie oft mit einem inneren Leistungsdruck zu kämpfen. Sie hat Angst ihre Arbeit nicht immer zu schaffen, und womöglich durch teilweise längere Wartezeiten ihre Kunden zu verlieren. Weiters fühlt sie sich von den vielen Terminanfragen gestresst, auch deshalb, weil sie zeitlich einfach nicht alles unterbringen kann. Der Bau des Eigenheims hat ebenfalls sehr an ihren Nerven gezerrt, da es einige Schwierigkeiten mit der öffentlichen Verwaltung gegeben hatte und die Bauausführung und Baubesprechungen mit Architekten und Technikern sehr zeitaufwendig waren. Der 8 jährige Sohn ist zwar sehr selbständig, Melissa hat aber oft das Gefühl, dass sie ihren Sohn vernachlässigen würde, und setzt sich damit zusätzlich unter Druck, genügend Zeit für ihn aufzubringen. Daher muss sie einfach ihre eigenen Bedürfnisse, wie regelmäßiges Laufen oder Radfahren, zurückstecken. Ich möchte, dass Melissa sich über Ihre größten Kraftfresser bzw. negativen Denkmuster Gedanken macht, und sich diese aufschreibt; relativ bald hat sie folgenden Satz formuliert: „Ich muss es allen Recht machen und für alle da sein, wenn sie mich brauchen. Dabei muss ich meine Bedürfnisse einfach zurückschrauben. Nachdem dieser Kraftfresser formuliert ist, möchte ich von Melissa noch erfahren, worin sie ihre Stärken sieht, was sie glaubt, was sie gut kann, und worauf sie sich verlassen kann. In diesem praxisbezogenen Beispiel kann ich erkennen, dass es nicht ganz so einfach ist, sich seiner eigenen Stärken bewusst zu werden. Melissa tut sich schwer, so schnell ihre persönlichen Stärken festzuhalten und aufzuzeigen. Leichter fällt dies, wenn ich sie dazu bringe, in die Vergangenheit zu blicken, und ihr einige Zwischenetappen aus ihrem bisherigen Leben aufzeige, z.B. die Praxiseröffnung, die Entscheidung zur Selbständigkeit, der Hausbau, die Stammkunden, und ich frage sie, warum sie meint, dass sie das alles geschafft hat. Jetzt fällt es ihr leichter, Stichworte wie „ich bin konsequent, wenn ich mich für eine Sache entschlossen habe", „kann mich auf Ziele fokussieren", „bin fachlich gut ausgebildet und mache einen guten Job", „bin freundlich und humorvoll", und „ich bin stark, wenn ich gesund bin". Nun haben wir schon einige Blätter mit Notizen, mit denen wir arbeiten können. Ich möchte nun noch wissen, was Melissa´s Ziele sind: wo möchte sie hin, gibt es ein klar strukturiertes Ziel? Melissa sagt mir, sie möchte einfach unbeschwerter den Lebensalltag meistern und vor allem auch mehr Zeit für sich finden, sich sportlich betätigen ohne dabei von schlechtem Gewissen geplagt zu werden, dass sie ihren Sohn vernachlässigen würde. Es muss jetzt eine deutliche, spezifische, realisierbare, terminierte, attraktive Zielformulierung mit Hilfe der SMART-Formel niedergeschrieben werden. Ich muss aber feststellen, dass die Anwendung der SMART-Formel in solchen Aufgabenstellungen nicht ganz so einfach ist. Mir scheint, die Zielformulierung laut der SMART-Formel ist wohl im sportlichen Umfeld vielleicht um einiges leichter anzuwenden, als in solchen alltäglichen Stressbedingungen. Es ist beispielsweise schwer möglich, das Ziel so zu formulieren, dass „Melissa am 01. Dezember keinen Leistungsdruck mehr verspürt". Die SMART-Formel ist einfacher für das „Unterziel" anzuwenden, dass sie gerne mehr Sport betreiben würde. Daher lasse ich sie selbst diese Teilziele nach der SMART-Formel formulieren, nachdem ich mit ihr besprochen habe, dass es auch für ihren Sohn von Vorteil ist, wenn Melissa ausgewogen, harmonisch und auch körperlich fit ist, und sie deshalb beim Ausüben ihrer sportlichen, eigenen Tätigkeit kein schlechtes Gewissen fühlen sollte, sondern ein positives Gefühl haben darf. Nach einigen Versuchen steht diese Zielformulierung folgendermaßen: „Ab morgen gönne ich mir drei bis viermal wöchentlich eineinhalb Stunden Zeit für mich, um zu joggen oder Rad zu fahren. Ich spüre wie ich mich nach dem Sport gut fühle, und mein Sohn wird es genießen wenn er eine ausgeglichene, zufriedene Mama hat." Um vom beruflichen Alltagsstress und Leistungsdruck nicht erdrückt zu werden sprechen wir über mögliche Entspannungsübungen. Melissa erzählt mir, dass sie vor ein paar Jahren schon einmal in einem Kurs einige Atemübungen als Entspannungsverfahren kennengelernt hat, diese aber letzthin eigentlich nicht mehr selbst aktiv ausgeführt und geübt hat. Auch die progressive Muskelrelaxation ist ihr als Physiotherapeutin natürlich bekannt. Wir versuchen zusätzlich noch eine Phantasiereise als Entspannungsübung. Da sie aber öfters nach der Arbeit noch voller Gedanken ist, fällt es ihr schwer, sich einfach bequem hinzulegen, die Gedanken abzuschalten, und dabei mit diesen Techniken zu entspannen. Eine Möglichkeit, die für sie interessant sein könnte, ist die Übung „Atmen in die vier Himmelsrichtungen", da sie sich dabei an Bewegungsabläufe konzentrieren muss und dies ihre beruflichen und alltäglichen Gedanken beiseiteschieben lässt. Bis zur nächsten Besprechung möchte ich Melissa eine kleine Hausaufgabe stellen, und zwar soll sie sich überlegen, wie sie ihren Kraftfresser umformulieren könnte, damit er vom Kraftfresser zur Kraftquelle gestaltet werden kann. Weiters soll sie die „Atmung in vier Himmelsrichtungen" für sich üben und sich nochmals mit der progressiven Muskelrelaxation auseinandersetzen. Denn nur durch Übung ist es dann möglich, Entspannungstechniken bei Bedarf auch schnell einsetzen zu können, dann, wenn Melissa wirklich unter Druck ist und sich in kurzer Zeit entspannen soll. Ich muss dazu sagen, dass es für mich als Beraterin teilweise wirklich schwierig ist, Melissa nicht zu viele Vorschläge und Zielformulierungen usw. vorwegzunehmen. Es ist aber wichtig, dass Melissa dies für sich selbst festlegt, damit sie sich wirklich hundertprozentig damit identifiziert. Bei der nächsten Besprechung berichtet mir Melissa, dass es nicht einfach war, das kraftfressende Gedankenmuster umzuformulieren, sie hat sich aber für folgenden Satz entschieden: „Ich helfe gerne, solange ich mir selbst damit nicht schade. Und dies entscheide ich alleine und eigenständig!". Die Entspannungsübungen haben ihr gut getan, berichtet sie weiter und, was wirklich gut geholfen hat, war die exakte Zielformulierung was ihren Wunsch nach sportlicher Betätigung betrifft. Damit sie sich dieser Zielformulierung öfter bewusst wurde, hat sie dazu diesen Satz auf einen Zettel geschrieben, und diesen gut sichtbar zu Hause platziert, sie hat ihn nämlich in der Küche auf den Kühlschrank geklebt. Um ihre Angst zu verringern, dass sie irgendwann nicht mehr gut genug arbeiten und viele Patienten verlieren könnte, erzähle ich ihr von der Möglichkeit der Visualisierung und Vorstellung. Ich möchte dass sie sich an einen schwierigen Fall zurückerinnert, an einen Patienten mit schwieriger Diagnose, den sie dann ausgezeichnet behandelt hat, und der dann vielleicht überglücklich und zufrieden den Behandlungszyklus bei ihr abgeschlossen hat. Sie erzählt mir von einigen Fällen, und das Vorstellen/Visualisieren, wie sie diesem Patienten geholfen hat, und vor allem wie glücklich und zufrieden und dankbar er nach dem Behandlungszyklus war, gibt ihr sehr viel Selbstvertrauen und zaubert ihr auch sofort ein Lächeln ins Gesicht. Weiter sprechen wir über Selbstgespräche und ich lege ihr nahe, dass positive Selbstgespräche vielleicht am Morgen vor dem Start in der Praxis bei ihr ebenso positive Auswirkungen haben können, wie beispielsweise bei einem Sportler, der sich kurz vor dem Start eines Skirennens selbst motiviert und dann zur Höchstleistung pusht. Um dies einfach in Ihren Arbeitsalltag zu integrieren, besprechen wir die Möglichkeit, ein bestimmtes Ritual dafür festzulegen, beispielsweise wenn sie sich in der Praxis ihre Berufsbekleidung anzieht, dann könnte dies als Ritual gelten, um sich nochmals durch ein positives Selbstgespräch für einen erfolgreichen Tag einzustimmen. Als zusätzlicher Stressfaktor für Melissa erweist sich aber auch noch die tägliche Terminplanung. Sie erzählt mir, dass die verschiedenen Terminanfragen, welche über Email oder Telefon tagtäglich eintrudeln, schwierig zu handhaben sind. Sie tut sich schwer, eine Anfrage, vor allem wenn sie aus dem Familien- oder Freundeskreis kommt, abzulehnen, auch wenn sie momentan wirklich keinen freien Termin zur Verfügung hat. Sie versucht dann eben irgendwie und irgendwo einfach eine Lücke zu finden oder zu schaffen, um diesen Termin doch noch reinzuquetschen. Mentaltraining zielt aber nicht nur auf Änderungen eigener Gewohnheiten ab, sondern eventuell auch auf Änderungen am Umfeld, und dies muss und kann bei diesem Aspekt geschehen. Wir besprechen die Möglichkeit, einfach offen und ehrlich mit ihrem Familien- und Freundeskreis zu reden, und ihnen ganz höflich und freundlich zu erklären, dass sie einfach nicht alles im gewünschten Zeitrahmen schaffen kann, dass sie zwar ihr Bestes geben wird, aber es auch vorkommen kann, dass auch mal eine Bekannte oder Verwandte auf einen Termin etwas länger warten muss. Dabei muss sie sich immer wieder den neuen Glaubenssatz wiederholen und vor das innere Augen holen. Nur durch ständiges Wiederholen dieses Glaubenssatzes wird er irgendwann erfolgreich im Unterbewusstsein gespeichert, sodass es für sie kein Problem mehr darstellen wird, diesen Glaubenssatz bei der nächsten Anfrage wieder hervorzuholen und anzuwenden. Dafür bitte ich Melissa auch, sich zu Hause vor den Spiegel zu stellen und wirklich auch mal das „Nein"-Sagen zu üben. So banal es klingt, aber es muss auch das „Nein-Sagen" geübt werden, wenn man es selten angewandt hat. Und was ganz wichtig für sie ist, sie muss wissen bzw. muss sich dessen bewusst sein, dass eine solche Umstellung, man könnte fast schon „Umprogrammierung" sagen, Zeit braucht und nicht von heute auf morgen passieren kann. Zeit und Geduld werden gemeinsam mit den selbstdefinierten Kraftquellen das gewünschte Resultat erbringen. Melissa kennt nun einige Techniken und Werkzeuge, wie sie sich gegen negative Gedanken und Termindruck schützen kann, und durch das jetzt wieder regelmäßigere Praktizieren ihrer sportlichen Tätigkeiten fühlt sie sich auch persönlich viel gelassener, ausgeglichener und angenehmer, auch im Umgang mit ihrem Sohn, der sich an einer gesunden, fitten und ausgeglichenen Mama erfreut. Die Entspannungsübungen fallen ihr mittlerweile auch immer leichter, und sie kann damit wirklich innere Spannungen abbauen, was ihr ein zusätzliches stärkendes Gefühlt gibt, da sie nun weiß, wie sie mit Stressoren umgehen kann.

4   Schlussfolgerungen

Ich habe gemerkt, dass das Mentaltraining für viele verschiedene Einsatzbereiche Anwendungsmöglichkeiten vorsieht. Mir persönlich scheint jedoch beispielsweise die genaue Zielformulierung, wie es durch die SMART-Formel möglich ist, um vieles einfacher, wenn es sich um Themen und Aspekte im Bereich Sport oder Ernährung handelt. Es ist dort einfacher ein Ziel terminiert festzulegen, denn ich weiß dann fast immer, wann genau der Wettkampf ist, wann genau ich topfit sein muss, oder wie lange ich Zeit habe, um durch Ernährungsumstellung eine körperliche Veränderung zu erzielen. Im beruflichen Alltag, in Stresssituationen, Termin- und Zeitdruck-Verhalten ist es schwieriger, ein bestimmtes Ziel messbar und terminierbar zu formulieren. Ich kann nicht einfach sagen „in fünf Wochen habe ich keinen Zeitdruck mehr", denn der Druck wird wohl in vielen Berufen auch in fünf Wochen noch derselbe bleiben. Wo ich aber in diesen Anwendungsgebieten mit Mentaltraining ansetzen kann, ist sicherlich auf eine Spannungsregulation zu achten, verschiedene Entspannungstechniken einzubringen, und das Konzept der Stressbewältigung mit verschiedenen Copingstrategien aufzuzeigen und dadurch hilfreich zu sein. Ebenfalls sehr gut anwendbar sind natürlich die verschiedenen Werkzeuge wie die Visualisierungstechniken, Selbstgespräche, Beobachtungs- und Lernmodelle, die auch bei beruflichen Tätigkeiten, wichtigen Vorträgen oder komplizierten Berufsaufgaben, die Aktivierungshandlung vorweg nehmen und diese Handlungsabläufe dann im realen Geschehen schneller und flexibler abrufbar sind. Weiter möchte ich festhalten, dass es wichtig ist, zu verstehen, dass die verschiedenen Entspannungstechniken nicht für alle Personen gleich anwendbar sind, da jeder individuell verschiedene Methoden für sich selbst als angenehm oder weniger angenehm empfindet. Wenn man sich jedoch der Macht der verschiedenen Werkzeuge, die man durch das Mentaltraining kennenlernt, bewusst wird, so hat man einen enormen Vorteil und ein extrem starkes Instrument, um seine Leistung zu steigern, sich besser vor Stress zu schützen und schneller wieder in einen entspannten Zustand zu gelangen.

5   Literaturverzeichnis

- Lehrbrief Mentaltrainer-B-Lizenz
- Stern.de, 26. Januar 2013,
  http://www.stern.de/gesundheit/ratgeber/krankenkassen-warnen-zahl-der-burnout-faelle-steigt-dramatisch-1961182.html
- Internetblog Gehirn-Gerechtes Lernen,
  http://blog.birkenbihl-sprachen.com/2013/03/bitte-nicht-lesen/
- Hainbuch Dr. F., Progressive Muskelentspannung, 2. Auflage, ISBN 978-3-8338-1817-2